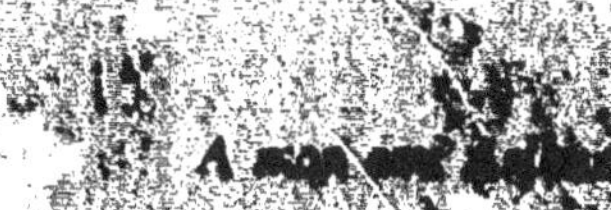

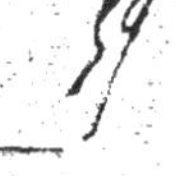

ÉPREUVE NE POUVANT ÊTRE VENDUE

BRIGAND DE GENDARME

VAUDEVILLE-OPÉRETTE EN UN ACTE

Paroles de S. PLÉBINS

Représenté pour la première fois sur la scène de l'Eldorado
le mardi 9 Octobre 1895

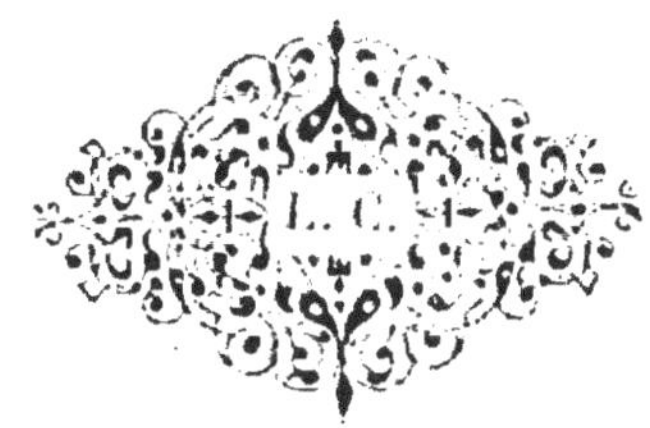

PARIS
GUÉTÉVILLE, SEUL DÉPOSITAIRE
68, Rue du Château-d'Eau, 68

1896

IMPRIMERIE
LACHÈSE et Cie
4, Chaussée St-Pierre, 4
ANGERS

A mon ami Arthur VERNEUIL.

N°..................

ÉPREUVE NE POUVANT ÊTRE VENDUE

BRIGAND DE GENDARME

VAUDEVILLE-OPÉRETTE EN UN ACTE

Paroles de S. PLÉBINS

Représenté pour la première fois sur la scène de l'Eldorado le mardi 9 Octobre 1895

PARIS
GUÉTÉVILLE, SEUL DÉPOSITAIRE
68, Rue du Château-d'Eau, 68

1896

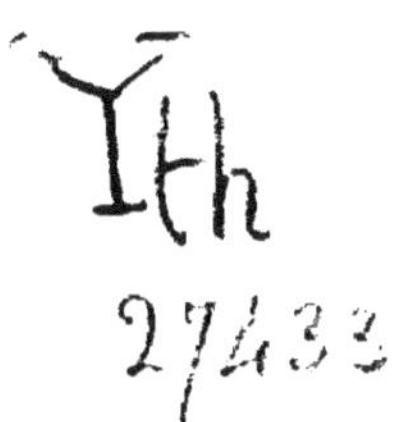

PERSONNAGES

Rôle	Interprète
TOURTASSEC, maire, 69 ans	MM. MATHIAS
CRUCHMAN, gendarme, accent alsacien.	VILLÉ
JACK TOMY, Anglais, 25 ans.	GIRAULT
TÉTINARD, adjoint au Maire	GIRIER
POMPINET, chef de musique	EUGÉNIO
JIBLOUX.	POQUELIN
MAGLOIRE	TAVERNIER
Mme TOURTASSEC	Mmes GENEL
ANNETTE, sa fille, 18 ans.	MIETTE
GUDULE, bonne à tout faire, 5[illegible] ans.	BRASSOT
MARIOTTE	LEBLOND
COLETTE.	DICKA

PAYSANS ET PAYSANNES

L'action se passe de nos jours à Landerneau

AVIS TRÈS IMPORTANTS

1° Ce livret n'étant pas mis en vente, tous les droits de représentations sont donc réservés.

2° Dans cet ouvrage, l'argot n'étant qu'un élément de succès secondaire, il peut être amoindri ou supprimé.

3° Le costume du gendarme n'est autorisé qu'autant que les brandebourgs, les bordures du bicorne et les bandes du pantalon seront modifiés par une couleur jaune.

4° Les Directeurs de la France et de l'étranger ne peuvent représenter cet ouvrage que s'ils ont un traité avec la Société des Auteurs et Compositeurs dramatiques, 8, rue Hippolyte-Lebas, à Paris, sans que ce traité puisse les affranchir de l'obligation de demander l'autorisation écrite de l'auteur.

BRIGAND DE GENDARME

Le théâtre représente un splendide jardin très ensoleillé, à droite la maison de Tout-tassée. Cette maison est ornée de guirlandes de fleurs en papier, de verres de couleur, à gauche le jardin avec de grands arbres ; au premier plan une petite buanderie, à côté une pompe, sous la pompe un baquet à lessive ; au fond et face au public le mur de la propriété, au milieu, une grande porte d'entrée avec grille. Chaises, fauteuils et canapé de jardin. Au lever du rideau, Jibloux et Magloire sur une échelle double finissent d'installer un lustre en papier de couleur qu'ils viennent d'accrocher au milieu du théâtre.

SCÈNE PREMIÈRE

JIBLOUX, MAGLOIRE, PAYSANS, PAYSANNES, puis GUDULE

Deux paysans *(derrière la grille de la propriété font de grands gestes pour appeler les autres paysans)*.

Ah ! que c'est beau !
Dieu que c'est beau !!

TOUS LES PAYSANS

Oh ! non jamais à Landerneau
On aura rien vu de plus beau !!
Oh ! non jamais à Landerneau
On aura rien vu de plus beau !!

JIBLOUX

C'est quelque chose de féerique

MAGLOIRE

Assurément c'est magnifique

JIBLOUX

C'est gentil, coquet et bien fait

JIBLOUX ET MAGLOIRE

De nous on sera satisfait

JIBLOUX

Nous aurons tous, les petits me croiront,
A coup sûr un très beau pourboire ;
Car on peut dire qu'à Landerneau
On n'aura rien vu de plus beau.

TOUS

Ah! que c'est beau!
Dieu que c'est beau!
Ah! non, jamais à Landerneau (etc.)

GUDULE *qui est près de la buanderie en train de laver du linge dans un baquet, aperçoit tout à coup les paysans qui ont insensiblement envahi la propriété; furieuse, elle les chasse en leur donnant de grands coups de serviette.*

Eh! ben, eh! ben, qu'est-ce que c'est?

MARIOTTE

Puisque c'est la fête de M. le Maire...

COLETTE

Nous venons pour danser.

GUDULE

La danse ne commencera qu'à troués heures, vous l'savez ben, puisque M. le Maire l'a fait tambouriner dans l'pays. Allons, allons, voulez-vous partir, et plus vite que ça encore. *(Elle leur donne de grands coups de serviette.)*

Reprise pour leur sortie :

Non jamais à Landerneau, etc.

GUDULE *les regarde partir puis en descendant la scène*

A-t-on jamais vu des effrontés pareils. *(Regardant les préparatifs de la fête.)* Saperlotte comme c'est joli!

JIBLOUX

N'est-ce pas, mademoiselle?

MAGLOIRE

Dites, mademoiselle Gudule...

GUDULE

Quoié?

MAGLOIRE

Vous seriez ben aimable si vous vouliez parler de nous à M. le Maire.

GUDULE

Pourquoié faire?

JIBLOUX

Ben, pour qu'il n'oublie pas not'petite pourbouère.

GUDULE

Vous pouvez compter sur moué.

JIBLOUX

A la bonne heure *(mettant son échelle sur son épaule.)* Au revouère Mlle Gudule, une bonne année s'il vous plait.

GUDULE

Et vous pareille, à la prochaine.

JIBLOUX et MAGLOIRE *fredonnant sans orchestre la fin du chœur*

Ah! non jamais à Landerneau, etc.

(Ils sortent par le fond).

SCÈNE II

GUDULE puis CRUCHMAN

GUDULE *seule, va s'asseoir sur un fauteuil placé à l'avant-scène de gauche*

Voyons, relisons la dépêche de mon gendarme : « Finis service bientôt, obtenu congé. Arrive demander ta main. Une grosse bise. — Cruchman. » Cruchman, c'est mon amoureux, j'ons fait sa connaissance lorsque j'étions en place à Brest ousqu'il étions de service à la gendarmerie. Lorsque j'ons changé de place pour venir ici à Landerneau, il m'avait donné en souvenir de lui un perroquet, auquel j'tnait *normément*, vu qu'i'parlait comme un notaire... et le chiendent c'est que c'malheureux perroquet est mort ed'puis six mois... c'est très embêtant pour moué, parce que...

CRUCHMAN *un papier à la main, en consultant le numéro de la maison*

Oui, c'est ça, che ne me trombes bas, c'est pien ici.

GUDULE *qui vient de reconnaître la voix de Cruchman*

Ah! cette voix!... C'est lui!

CRUCHMAN

Mais oui, mon f'une bibe! foilà ma Cutule.

GUDULE

C'est bien lui! C'est mon Cruchman! *(Ils se jettent dans les bras l'un de l'autre et s'embrassent à plusieurs reprises.)*

CRUCHMAN

Gristi! c'est pon tout te même t'empraser gomme ça sa bedide golombe quand y a si longtemps qu'on ne s'est bas fus *(il rit)*, tu bermets. *(Il l'embrasse de nouveau.)* Gristi! on dirait de la beau te lapin.

GUDULE *amoureusement*

Oh! c'est bien vous! C'est bien toi!! Tu m'aimes toujours, dis?

CRUCHMAN

Si che t'aime!

DUO

CRUCHMAN

Che t'aime gomme un gornichon
Aime son crand pocal te ferre.

GUDULE

Je t'aime comme un gros nichon
Aime son corset étagère.

CRUCHMAN

Che t'aime gomme le pouchon
Aime poucher. (tu sais ma chère).

GUDULE

Je t'aime comme le cochon
Aime le sein doux de sa mère.

CRUCHMAN

Che t'aime gomme le grechon
Aime chauffer les bieds *t'hifère*.

ENSEMBLE

Rataffa flicflac lariflète
On est joyeux.
On est heureux.
Rataffa, le cœur est en fête,
Quand on est amoureux.
Rataffa flicflac lariflète
On est heureux
Quand on est amoureux.

GUDULE

Alors! c'est bien vrai? Vous v'nez pour d'mander ma main?

CRUCHMAN

Barfaitement *(riant malicieusement)*. Et mon ami le perroquet? comment fa-t-il?

GUDULE *à part*

Aïgne (*haut*). Faut pas vous frapper, mais il a été si tellement malade, que... ma foi, que...

CRUCHMAN, *devenant ombrageux*

Que... ma foi, que ?

GUDULE

Il est mort !

CRUCHMAN *gravement*

Matemoiselle Cutule, ça n'est bas bossiple... A breufe que lorsqu'on me l'a fentu on me l'a caranti 50 ans sur vacture.

GUDULE

Eh ! ben, j'aime mieux tout vous dire...

CRUCHMAN

Barle, che l'écoute !

GUDULE

Ce n'est pas d'ma faute, voilà : Mon bourgeois était amoureux de moi. (*Mouvement de Cruchman.*) Il venait souvent dans ma cuisine, et chaque fois qu'il voulait m'embrasser, le perroquet lui criait :

CRUCHMAN

« Che tirrai à Cruchman que tu le fais cornard ! » (*Malicieusement.*) Oui, oui, je sais, c'est moi qui lui afais abbris.

GUDULE

Un beau soir, mon patron, plus amoureux que d'habitude, me prend par la taille pour m'embrasser de force, le perroquet s'effraie et croyant qu'il voulait me faire du mal, lui saute sur l'épaule et le mord jusqu'au sang.

CRUCHMAN

Drès pien... (*A part.*) Oui, oui, c'était un berroquet drès Péranchiste !

GUDULE

Le bourgeois furieux pousse un cri, l'empoigne par le cou, et pour lui faire lâcher prise il l'a étranglé !!

CRUCHMAN

Oh ! la sale pête !

GUDULE, *redressant la tête*

Oui, mais moi, je te suis restée pure et sans tache, oh! mon Cruchman.

CRUCHMAN, *froidement, lui prenant la main*

Recartez-moi pien en vace, Matemoicelle Cutule... C'est pien frai tout ce que fous me tites-là?

GUDULE

Je vous le jure! (*Elle crache par terre et lève la main.*)

CRUCHMAN

Alors tonne-moi une pise. (*Ils s'embrassent avec effusion.*) Che te bartonne.

GUDULE

Alors, vous allez d'mander ma main à mon bourgeois?

CRUCHMAN

Bar bolidesse bour toi, foui, mais che fais lui temander pien audre chose afec, et s'il refuse, che ragonderai sa gonduite à sa femme, à toute sa famille, ça fait que gomme ça, tout le monde saura gomment et bourquoi il l'a tué... Et ousqu'il est ton pourgeois?

GUDULE

Il est sorti, mais il ne tardera pas à rentrer.

CRUCHMAN

Ça fa pien... ch'ai chustement une gourse à faire bour un gobain qui est ici à la chentarmerie... Cutule, che fous guitte. (*Changeant de ton.*) Donne-moi une pise. (*Il l'embrasse.*) Che fous guitte, Cutule.

GUDULE

Mais pas pour longtemps?

CRUCHMAN (*parlé*)

Oh! le temps seulement d'aller et de refenir.

Chant

Ne t'imbatiente bas Cutule,
Lorsque ch'aurai fu mon cobain.
A ton cros pourcheois riticule,
Che lui temanterai ta main.

Ensemble

GUDULE

Un peu de patience Gudule,
Lorsqu'il aura vu son copain.
A mon gros bourgeois ridicule.
Il lui demandera ma main.

CRUCHMAN

Un peu de patience Cutule,
Lorsque ch'aurai fu mon gobain,
A ton cros pourcheois riticule,
Che refiens temanter ta main.

GUDULE, *en gagnant la porte du fond*

A tout à l'heure, mon soleil! (*Il lui envoie un baiser.*)

CRUCHMAN, *même jeu*

A tout à l'heure, ma crosse lune!

GUDULE, *seule*

Et maintenant allons préparer le déjeuner... dans la buanderie! quelle scie. V'la plus d'quinze jours qu'j'ons les maçons dans ma cuisine! Ah! si la place n'était pas si bonne!! (*Elle entre dans la buanderie.*)

SCÈNE III

MADAME TOURTASSEC et ANNETTE

MADAME TOURTASSEC, *sort de la maison de droite suivie d'Annette, puis apercevant les préparatifs de la fête.*

Oh! Annette, regarde donc!

ANNETTE, *qui fait du crochet, lève la tête*

Oh! maman, c'est superbe!!

MADAME TOURTASSEC *s'asseyant sur le canapé de droite*

Mon enfant, à Paris, dans la bonne société, on ne dit pas : C'est superbe, on dit : C'est épatant! ou bien : Oh! mince alors, c'est rien chouette.

ANNETTE *surprise*

C'est rien chouette?...

MADAME TOURTASSEC

Parfaitement. Tu sais bien que depuis que ton père est allé à Paris et qu'il a été reçu chez MM. Bruant et Lisbonne, etc., etc., enfin rien que des gens du grand monde, il exige que nous prenions le ton et le langage de tous ces gens-là, qui sont, paraît-il, l'élite de la haute société parisienne.

ANNETTE

Oui, je sais, maman, aussi je fais tout mon possible pour être dans le ton.

MADAME TOURTASSEC

C'est nécessaire, mon enfant, car enfin, tu es la fille du maire de Landerneau, il ne faut pas l'oublier!

ANNETTE

Non, maman; mais si papa était plus souvent près de nous, il pourrait nous donner de bonnes leçons, mais il se fait toujours la fuite.

MADAME TOURTASSEC

En effet, et ce que je ne comprends pas, c'est qu'étant parti à la chasse de si bonne heure avec ton fiancé, il ne soit pas encore de retour.

ANNETTE *s'asseyant sur une chaise au milieu de la scène*

Papa adore la chasse.

MADAME TOURTASSEC

S'absenter un jour comme celui-ci, le jour de sa fête!...

ANNETTE

Il a voulu absolument aller tuer des cailles pour notre déjeuner, pensant nous faire plaisir, il nous gobe tant!

MADAME TOURTASSEC

Dis plutôt qu'il a voulu faire plaisir à ton fiancé, qui, lui, au lieu de le retenir...

ANNETTE

C'est cela, maman, dites tout de suite que c'est sir Jack Tomy qui en est la cause.

MADAME TOURTASSEC

Je ne dis pas cela... seulement...

SCÈNE IV

LES MÊMES, TOURTASSEC et JACK

TOURTASSEC ET JACK *entrent précipitamment en scène en costume de chasse, ils sont très essoufflés et très pâles*

MADAME TOURTASSEC *se levant*

Ah! les voici. (*Annette va au-devant d'eux.*)

TOURTASSEC (*se laissant tomber sur le fauteuil qui était occupé par Annette*)

Ouf! (*Il souffle un moment, puis pousse un cri.*) Ah! de l'air, du vinaigre! Je me trouve mal!

ANNETTE *lui tapant dans les mains*

Ah! mon Dieu!

MADAME TOURTASSEC, *même jeu*

Y'y a-t-il donc? (*Mêlée d'Annette, elle lui tape dans les mains pendant que Jack est entré comme une flèche dans la maison de droite.*)

TOURTASSEC

Je me trouve mal! Je me trouve mal! (*Pris d'une violente crise de nerfs, il pousse des cris rappelant les aboiements du chien.*)

MADAME TOURTASSEC *effarée*

Ah! ça mais, qu'est-ce que cela veut dire... Où est donc sir Jack?

ANNETTE

Mais je ne sais pas, maman.

MADAME TOURTASSEC

Il n'y a que lui qui pourrait nous expliquer...

JACK, *sortant de la maison, un huilier à la main*

Tenez, beau-père... (*Il met la bouteille sous le nez de Tourtassec.*) Respirez fort!... fort!... Maintenant il fallait tamponner les tempes et le naseau... (*Il verse plusieurs gouttes du contenu de sa bouteille dans le creux de sa main et frictionne toute la figure de Tourtassec, ensuite il porte la main à son propre nez.*) Ah! que je étais bête... ce était de l'houile à manger!!

TOURTASSEC *revenant à lui insensiblement*

Oh! maman! maman! (*Il pleure.*)

ANNETTE *pleurant aussi*

Mon bon petit papa...

JACK *pleurant à son tour*

Moa, je pouvais pas voir pleurer les gens sans pleurer aussi comme une petite veau.

MADAME TOURTASSEC

Je suis là... C'est moi, mon bijou, mon jésus. Je t'en supplie, parle, que s'est-il passé, qu'y a-t-il?

TOURTASSEC *se levant brusquement*

Il y a... il y a que je viens de tuer un homme! (*Il retombe atterré dans son fauteuil.*)

MADAME TOURTASSEC ET ANNETTE *reculent épouvantées*

Grand Dieu! (*Tout le monde se remet à sangloter.*)

MADAME TOURTASSEC *vivement*

Mais comment cela?... Par quelle fatalité?... Ah! je t'en supplie, je t'en conjure, parle!

TOURTASSEC *se levant péniblement*

Voici : — (*Respiration prolongée, il s'éponge le front avec son mouchoir et commence son récit mystérieusement.*) Nous étions, sir Jack Tomy et moi, dans la plaine des Verts-Coteaux; sir Jack, qui était fatigué, s'était couché sur le gazon.

JACK

Yès, je faisais tranquillement ma pétite lézard au soleil.

TOURTASSEC

Quand tout à coup, il pousse un cri : (*Prenant l'accent anglais.*) Beau-père, une lièvre!! vite, vite, une lièvre!! En effet, c'était une lièvre (*Se reprenant.*) heu... c'était un lièvre... Ah! me dis-je, un lièvre, moi, bon tireur, ça me connait, sans perdre une seconde je le mets en joue, je tire, le coup part... et alors!!...

MADAME TOURTASSEC ET ANNETTE

Et alors?

TOURTASSEC

A ce moment, je vois un homme sortir d'un sentier perdu... (*avec des larmes dans la voix.*) Et cet homme, ce malheureux homme, venait de recevoir mon coup de feu en pleine poitrine!! (*Il retombe dans son fauteuil*).

MADAME TOURTASSEC

Miséricorde!!

ANNETTE

Est-il possible?

MADAME TOURTASSEC

Mais c'est affreux!

ANNETTE

C'est épouvantable!

JACK *froidement*

Yès... C'est pouvantable!

MADAME TOURTASSEC *reprenant le dessus*

Allons, voyons, c'est impossible!... on ne tue pas un homme comme ça... et puis... il n'est peut-être que blessé!

JACK

Oui, mais madème belle-maman, il vaut mieux supposer qu'il est mort.

TOURTASSEC *à part*

Oui, supposons qu'il soit mort.

MADAME TOURTASSEC

Eh bien, devant la loi, cela ne serait jamais qu'un homicide par imprudence.

TOURTASSEC *se levant*

Mais malheureux, vous ne savez donc pas que l'homicide par imprudence peut encore entraîner le délinquant sur la paille humide des cachots!

TOUS

C'est vrai! ah! c'est horrible, horrible!! (*Tout le monde pleure*).

JACK

Allons, allons, faut pas faire comme ça, faut pas monter les têtes de vos... Il fallait trouver une moyen pour vous tirer de ce mauvais chose, yès.

MADAME TOURTASSEC

Selon moi, il n'y a qu'un seul moyen...

ANNETTE

Gagner l'étranger.

JACK

Wery vouel, je allais le proposer à vos, filons à London, mon ville natèle!

TOURTASSEC *se levant*

Y pensez-vous, moi... le Maire de ce pays... et le jour de ma fête encore!... fuir comme ça tout d'un coup sans tambour ni trompette! Ce serait de l'aberration, car inévitablement les soupçons rejailliraient sur mon ciboulot!

JACK *à Tourtassec*

Ciboulot?...

TOURTASSEC

Oui, la tête... *(à part.)* il ne comprend rien celui-là.

JACK

Eh! bien. Il n'y a qu'un seul chose à faire...

TOUS

Laquelle?

JACK

C'est de plus penser à ce petit bêtise-là... voilà tout. Vous croyez avoir tué cette mossieu, n'est-ce pas? Eh! bien, quand vous iriez à le gendarmerie dire : C'est moa qui ai fait le bêtise... c'est moa, me voilà! me voilà!! Mais vous ne rendriez pas lé vie à cette bon-z'homme, vos mettriez encore son fémille dans le désolation plus ennuyouse que si vous laissiez croire à une suicide, par exemple!

MADAME TOURTASSEC

Et qui sait s'il n'avait pas réellement l'intention de se suicider?

JACK

Yès, car je voyais pas moa cé qu'allait faire cette mossieu dans une champ où que l'on chasse le pétite lapin.

TOURTASSEC

C'est pourtant vrai.

MADAME TOURTASSEC ET SA FILLE

Il a raison.

TOURTASSEC *sans conviction*

Il a parfaitement raison.

JACK

Et si vous voulez croire moa, il faut plus penser à ce petite bêtise.

MADAME TOURTASSEC *cherchant à le remonter*

Mais oui, ne pensez plus à tout cela!

TOURTASSEC

Parfaitement, d'autant plus qu'il n'a peut-être qu'une légère égratignure... *(reprenant le dessus.)* Et puis je ferai prendre *incognito* des renseignements sur sa position; si elle est précaire je lui ferai parvenir quelques petits secours, voilà tout! *(triomphant.)*

Allons, allons, mon gendre, allons requinquer le désordre de notre toilette, et préparez-vous tous, mes enfants, à célébrer gaiement la fête de Tourtassec.

Tous *gaiement*

Vive Monsieur le Maire!

Ensemble

Allons ne perdons plus la tête
Et menons cette affaire bon train.
Courons changer notre toilette
Et prenons l'air doux et serein.

(Ils entrent tous dans la maison de droite, sauf Tourtassec qui se trouvant le dernier est arrêté par Cruchman qui entre).

SCÈNE V

CRUCHMAN et TOURTASSEC

Cruchman *désignant Tourtassec*

Ça doit être celui-là. *(Il le tire par sa redingote.)*

Tourtassec *apercevant Cruchman*

Ciel! un gendarme!! Déjà!!!

Cruchman

Barton, c'est pien fous qui êtes le nommé.. *(Tirant un papier de sa poche.)*

Tourtassec *secouant la tête avec découragement*

Le nommé!... *(apercevant le papier de Cruchman.)* C'est un mandat d'amener!...

Cruchman

Tourteau... Tourtassec?

Tourtassec *se levant*

Oui, c'est moi... *(à part.)* Du courage et surtout beaucoup d'aplomb... *(présentant une chaise à Cruchman.)* Mon ami, donnez-vous donc la peine de vous asseoir.

Cruchman

Afec blaisir, pourcheois, chusdement ch'ai les champes qui me rentrent tans le fentre. *(Ils s'assoient tous les deux à l'avant-scène.)*

TOURTASSEC *à part*

Prenons-le par la douceur... (*lui présentant sa tabatière.*) En usez-vous?

CRUCHMAN

Non chamais, pourcheois, che n'use le tapac que dans le bibe ou tans le bouche (*prenant une chique*). Fous bermettez?

TOURTASSEC

Je vous en prie. (*A part.*) Sa placidité me rassure.

CRUCHMANN *naturellement*

Alors pourcheois, il barait gomme ça que c'est fous qui l'a tué? (*Il crache par terre.*)

TOURTASSEC *faisant un mouvement de recul, en entraînant sa chaise avec lui*

Hein?...

CRUCHMAN *avec un geste indifférent*

Ce n'est pas la beine de fous faire de la pile pour ça, allez! (*riant.*) Oh! yoyoye... bour sûr!!

TOURTASSEC *à part*

Mon Dieu! la prison! le passage à tabac.

CRUCHMAN

Feux-tu que che te tise pourcheois? Eh! pien, tu as pien vait te le duer.

TOURTASSEC *tout tremblant*

Comment? J'ai bien fait de...

CRUCHMAN

Mais foui, tu as pien fait, il n'était plus pon à rien du tout.

TOURTASSEC

Il n'était?...

CRUCHMAN

Buisque je te le tis... C'était mon ami, che le gonnaissais pien, foyons, feux-tu que che te tise... Eh! pien c'était une sale pête, là! Et fatalement un jour ou l'autre il aurait fini bar créfer, c'est sûr.

TOURTASSEC

Je ne sais pas si je rêve ou si je deviens fou!

CRUCHMAN

Bas pesoin de te faire te pile, va mon cros. A l'exdrême rieueur, il n'y a que moi qui pourrais m'en blaintre.

TOURTASSEC

Comment cela?

CRUCHMAN

Oui, buisque ch'étais son seul ami.. Seulement, gomme cette mort m'est seule préchuticiaple, ma foi, che te temanterai un bedit tommache-indérêt.

TOURTASSEC *étonné*

Un dommage-intérêt? Eh! bien, parle, quelles sont tes exigences? (*à part*). Il faut que j'achète son silence à tout prix.

CRUCHMAN

Foilà pourcheois : tans un mois ch'aurai ma redraide et mon intention est t'éboucer Cutule, la bedide poponne, alors je foudrais que tu me tonnes sa main afec une bedide tot bar tessus le marché.

TOURTASSEC *à part*

Ah! diable!

CRUCHMAN

Oh! une bedide pricolle... Tix mille francs.

TOURTASSEC *bondissant*

Dix mille francs!! (*à part.*) Comme il y va! Il appelle ça une petite bricolle. . Merci pien (*haut*) Certainement, mon ami, je lui aurais bien fait un petit cadeau... mais une dot de dix mille francs!...

CRUCHMAN *naturellement*

Alors si tu refuses, che tirai à ta femme, à ta famille, enfin à dout le monde gomment et bourquoi tu l'as dué.

TOURTASSEC *lui mettant la main sur la bouche*

Malheureux! Ne dis jamais cela, je te le défends! Entends-tu? Je te le défends.

CRUCHMAN *tranquillement*

Oui, ch'entends pien pourcheois, seulement tonne-moi la bedide tot, foilà dout.

TOURTASSEC *avec humeur*

Eh! bien oui, je te donne la petite dot, là... Je te donne la petite dot. (*A part.*) Ah! le brigand, brigand! (*Haut.*) Mais tu me jures de ne jamais révéler ce terrible secret?

CRUCHMAN *lève la main et crache par terre*

Che le jure.

TOURTASSEC *lui serrant la main*

Alors je te donne ma parole et n'en parlons plus

CRUCHMAN

Ah! barlon, pourcheois, ch'oupliais...

TOURTASSEC

Quoi encore? (*A part.*) Il me flanque le trac.

CRUCHMAN

Che foudrais basser mon couché auprès te Catule, ça vait que gomme ça, nous serions tous en famille, tu gombrends?

TOURTASSEC

Oui, mais...

CRUCHMAN

Tiens! une idée.... Brends-moi gomme monsieur de gombagnie!

TOURTASSEC *s'emballant*

Mais nom d'une bobinette, je n'ai pas besoin de monsieur de compagnie.

CRUCHMAN

Tu me tonneras 400 fr. bour le mois, ça n'est bas une affaire.

TOURTASSEC *scandalisé*

400 fr. (*furieux.*) Mais mille millions!!

CRUCHMAN *tranquillement*

Oh! si tu refuses, ça fa pien, che tirai à dout le monte que c'est toi qui l'a tué, foilà tout.

TOURTASSEC

Misérable!! tais-toi! (*Lui mettant la main sur la bouche.*) Je te défends de prononcer ce vilain mot-là, entends-tu? Je te le défends!

CRUCHMAN *s'emballant*

Eh! che ne temante bas mieux. Alors brends-moi gomme monsieur de gombagnie ou gomme chartinier, ça m'est écal!

TOURTASSEC

Eh! bien, soit!... (*Lui roulant des yeux menaçants.*) Je te prends comme jardinier... Tiens, entre là dedans. (*Il montre la buanderie.*) Tu vas y trouver un costume complet! (*à part.*) Comme ça je ne le verrai plus en gendarme, c'est vrai, il me dégoûte en gendarme!...

CRUCHMAN

Ch'y fole, pourcheois, ch'y fole!

TOURTASSEC *à part, se contenant*

Ah! le brigand! le scélérat! (*Il s'assied à droite.*)

CRUCHMAN *se dirigeant vers la buanderie*

C'est écal, il a rutement l'air empêté t'afoir dué mon ami le berroguet, c'est louche! y a audre chose là-tessous. Grisdi, ch'ai les pottes neufes qui me vont salement mal aux bieds! (*Il disparaît.*)

SCÈNE VI

TOURTASSEC, puis TÉTINARD, les PAYSANNES et les PAYSANS

TOURTASSEC *seul*

Eh! bien, me voilà dans un joli guêpier! Me voilà forcé de vivre pendant un mois avec ce brigand de gendarme qui va me faire passer par toutes ses fourches caudines. (*Se levant avec rage.*) Oh! misère de misère!

TÉTINARD *arrivant du fond*

Monsieur le Maire, j'ai bien l'honneur de vous saluer.

TOURTASSEC

Moi pareillement, Monsieur l'Adjoint.

TÉTINARD

Comme vous le voyez, Monsieur le Maire, je suis exact au rendez-vous. (*Tirant sa montre.*) Il n'est pas encore midi.

TOURTASSEC *à part avec humeur*

Ah! oui, je crois l'avoir invité à déjeuner. (*Haut.*) Vous venez pour becqu'ter, n'est-ce pas?

TÉTINARD *ne comprenant pas*

Pour becqu'ter?

TOURTASSEC

Pour bouffer, si vous aimez mieux... (*Ahurissement de Tétinard.*) Mon pauvre Tétinard, que vous êtes donc province! Apprenez donc, mon bon ami, qu'à Paris, dans le grand monde, quand on va déjeuner ou dîner chez quelqu'un, on dit : Je vais bouffer ou becqu'ter, ou bien : Je vais me gonfler le potiron.

TÉTINARD *étonné*

Vous croyez?... Ah! j'ignorais; alors, en effet, je viens me gonfler le potiron. En même temps, j'ai l'honneur de vous informer qu'une délégation des jeunes filles du pays vient souhaiter la fête à leur bon maire.

TOURTASSEC *à part*

Allons, bon! et moi qui n'ai pas préparé mon petit boniment et qui n'ai même pas mon habit! Vite mon habit, mon habit! (*Il entre dans sa maison et revient aussitôt en habit.*)

TÉTINARD *qui est remonté un peu au fond*

Justement les voici.

Les paysans et paysannes dans la coulisse.

ENSEMBLE

Mes amis, puisque c'est sa fête,
Chantons et dansons tous avec,
Puis entonnons tous à tue-tête,
Honneur, Honneur à Tourtassec. } *bis.*

Les paysans et paysannes sont tous endimanchés, ils se placent dans le fond du théâtre. Deux jeunes filles en robe blanche font une révérence à Tourtassec en lui présentant chacune un bouquet.

Mossieu Tourtassec,
Sans salamalec,
Permettez aux filles,
Qui sont bien gentilles,
De venir gaîment
Faire compliment
A Tourtassec,
Et puis un peu de fleurs avec.

(*Tourtassec les embrasse sur le front.*)

TÉTINARD *donnant le signal aux paysans*

Vive Monsieur le Maire!

TOUS

Vive Monsieur le Maire!!

TOURTASSEC *à part*

Je ne sais fichtre pas comment sortir de là. (*En mettant ses gants.*) Soyons homme du monde. (*Haut.*) Mes amis, mes bons amis. Je suis vraiment touché du témoignage de sympathie que vous venez de me manifester... heu... que vous dirais-je? (*A part.*) Je n'en sais rien du tout... (*Haut.*) Je vous dirai... Je vous répéterai ce que je vous jacquetais l'année dernière... (*A part.*) Sapristi, je patauge, moi, je patauge.

TÉRINARD *même jeu*

Vive Monsieur le...

TOUS

Vive Monsieur le Maire!!

TOURTASSEC

Oui, je vous dirai que les jeunes gigolettes ici présentes sont toujours aimables, toujours girondes, et je trouve, moi, qu'on les délaisse, entendez-vous, tas de gourdiflots! Comment, je n'ai eu cette année que trois mariages à enregistrer! Mais c'est scandaleux!

LES PAYSANNES

Bravo! bravo!

TOURTASSEC *à part.*

Il est toujours bon de se mettre du côté des femmes! (*Haut.*) C'est de là, du reste, que nous vient la dépopulation, car apprenez, tas de miteux que vous êtes! que voilà plus de six mois que le bureau des naissances n'a eu un seul môme... pas le plus petit loupiot à enregistrer, mais c'est dégoûtant! Rombiers, il y a danger, le vaisseau du mariage est troué de toutes parts, et c'est pour cela qu'il faut vous marier, sous peine d'entendre dire que tous les habitants de Landerneau ne sont plus que des sardines vidées!

LES PAYSANNES

Bravo! bravo!

TOURTASSEC

Maintenant, sur ces bonnes paroles, rappelez-vous que le bal aura lieu ici à trois heures et le feu d'artifice à neuf heures. Sur ce, je vous ai assez vus, vous pouvez vous tirer des gambettes!

TOUS

Vive Monsieur le Maire!

TOURTASSEC *satisfait*

Allons, je ne m'en suis pas trop mal tiré. (*Tous les paysans sortent en reprenant la fin du chœur d'entrée :* Honneur, honneur à Tourtassec *et aux cris de :* Vive Monsieur le Maire!) (*Pendant ce temps, deux paysans ont apporté une grande table toute dressée qu'ils ont placée à l'avant-scène.*)

SCÈNE VII

MONSIEUR ET MADAME TOURTASSEC, ANNETTE, JACK, TÉTINARD, puis CRUCHMAN et GUDULE

MADAME TOURTASSEC, *qui était sur l'escalier de la maison de droite, vers la fin de cette scène*

Eh! bien, on ne boulotte donc pas ce matin? (*Elle descend la scène.*)

ANNETTE *la suivant*

Moi, je meurs de faim.

JACK, *même jeu*

Et moi j'ai l'estomac dans le fond de mes croquenots!

TOURTASSEC

C'est juste, je n'y pensais plus. Allons, allons, à table.

TOUS

A table!

ENSEMBLE

Mettons-nous vite à table,
Que chacun soit aimable,
Car la franche gaîté
Pour tous c'est la santé!

(*Tout le monde s'asseoit. Tourtassec au milieu, Annette et Jack sont à droite, Madame Tourtassec et Tétinard sont à gauche. On commence à manger.*)

TÉTINARD *satisfait*

Ah! ces radis sont exquis!

JACK

Yès, c'est vrai, mais ils donnent le *pipi*.

TOURTASSEC *à Tétinard*

Mon cher Tétinard, dans le grand monde parisien on ne dit

pas : Ces radis sont exquis, on dit : Ces radis sont bath aux pommes.

TÉTINARD

Vous m'étonnez !

JACK

Pardon beau-père, pardon ; à Paris on disait pas : ils sont bath aux pommes. On disait : ils sont bath aux mouches. (*Tout le monde rit.*)

TOURTASSEC

C'est un mot ! Ah ! oui, très ribouillard ! (*changeant de ton.*) Tiens il y a un couvert de trop.

MADAME TOURTASSEC

C'est encore une erreur de Gudule.

CRUCHMAN *sortant de la buanderie en costume grossier de jardinier. Il est éméché*

Non t'une bibe que mes pottes me font mal ! (*Au public.*) Cutule a un bedit fin qui faut mieux que dous les pières te Trasbourg et te Mulhouse. (*Haut.*) Mes enfants, che tous abborde le boulet ! (*Il porte sa main sur le poulet et se lèche les doigts.*)

TOUS *moins Tourtassec*

Qu'est-ce que c'est que ça ?

TOURTASSEC *très embarrassé*

Ça... mais je ne sais pas...

JACK

Comment, vous ne savez pas...

TOURTASSEC

Mais si... (*Très embarrassé.*) C'est le fiancé de Gudule.

TOUS

Le fiancé de Gudule ?

TOURTASSEC

Parfaitement. Il m'a prié de le prendre comme domestique et ma foi, comme il m'avait l'air très chienosof...

MADAME TOURTASSEC ET ANNETTE

Mais nous n'avions pas besoin de domestique.

TOURTASSEC *bas et mystérieusement*

Ben oui, je sais bien, seulement...

JACK

Beau-père vous avez bien fait, Gudule avait trop d'ouvrage.

CRUCHMAN *en regardant très amoureusement Annette*

Gristi ! le cholie gréadure !! *Il va s'asseoir à la table entre Madame Tourtassec et Tétinard.*) Tiens, tiens, c'est à foir ça...

TÉTINARD ET JACK *scandalisés*

Comment ! Il se met à table avec nous !...

TOURTASSEC *se levant et prenant Cruchman à part*

Dis donc, ce n'est pas possible. Tu ne peux pas becqueter avec nous, tu comprends, la table est trop petite. Tiens, vas donc te caler les gencives avec Gudule (*Riant malicieusement.*) Tu seras bien mieux, et puis tu pourras batifoler tout à ton aise... (*lui donnant une poussée.*) Heureux coquin ! vas-tu t'en payer ? là, hein ? mon vieux salaud.

CRUCHMAN

Non pourcheois non, che ne fais bas m'en bayer... Il fait drop chaud avec Cutule, il fait drop chaud !... ch'aime mieux êdre avec fous... et buis che fais boufoir faire gonnaissance avec ta famille, ça leur fera blaisir, tu gombrens ?

TOURTASSEC *furieux*

Mais buisque je te dis que ce n'est pas possible, bougre de poireau !

CRUCHMAN *tranquillement*

Y a bas de poireaux là-tetans. Si tu ne veux pas, ça m'est écal... che fais tire à tout le monde que c'est toi qui l'a tué, foilà tout.

TOURTASSEC *lui mettant la main sur la bouche*

Tais-toi. Ça va bien, allez vous asseoir.

CRUCHMAN

Afec blaisir pourcheois, che grèfe de faim. (*Il se met à table.*)

JACK *froissé*

Comment ! Vous acceptez à votre table cette vilaine domestique qui a un tête de phoque ?...

TOURTASSEC

Oh ! mon Dieu, que voulez-vous, à la campagne, n'est-ce pas, ça n'a pas d'importance !

TÉTINARD *à part*

Quelle humiliation, mon Dieu ! quelle humiliation !

MADAME TOURTASSEC ET ANNETTE

Mais comment se fait-il ?

TOURTASSEC

Je vous expliquerai ça plus tard.

CRUCHMAN *à part*

Gristi ! que mes pottes me font mal aux bieds ! (*En criant très fort et en essuyant son verre avec son mouchoir.*) Qui est-ce qui me passe à poire ?

TOUS

Oh ! en voilà un mal élevé !

MADAME TOURTASSEC

Il essuie son verre avec son mouchoir !

CRUCHMAN

Ça ne fait rien, mon mouchoir est sale !

TOUS

Quel singulier domestique !

JACK *qui a découpé le poulet et qui présente le plat à Tourtassec*

Voilà le petite poulet découpé !! Servez-vous, pendant qu'il est encore toute chaude.

CRUCHMAN

Moi, che fous briетai de me carter une aile, une cuisse, la gargasse et le groubion ! (*A part.*) C'est frai, ch'aime peaugoup le groubion !

TÉTINARD

Comment ! il choisit les morceaux à présent !

JACK

Qu'est-ce que c'est que cette grosse mal élevé ?

TOURTASSEC

Ah! mon Dieu! à la campagne, ça n'a pas d'importance.

TOUS

Quel singulier domestique!

CRUCHMAN *au public*

Gristi! che tonnerai pien teux sous bour redirer mes pottes

MADAME TOURTASSEC

Ah! ce poulet est chieno?...

TOURTASSEC

... Sof!

MADAME TOURTASSEC *à son mari*

Ah! ce poulet est chienosof!

ANNETTE

C'est vrai, il est tendre comme la rosée.

MADAME TOURTASSEC *bas à son mari*

Oh! regarde donc ton domestique, il mange absolument comme un glouton!

TOURTASSEC *à lui-même en serrant les dents*

Comme un glouton, comme un goinfre, oui, comme un véritable gorêt!

CRUCHMAN *bas à Tétinard son voisin de table*

Tites tonc, quelle est cette cheune temoicelle qui est afec nous?

TÉTINARD *avec humeur*

C'est la jeune fille de la maison.

CRUCHMAN

La fille du patron?...

TÉTINARD *avec ironie*

Oui, parfaitement, c'est la fille du patron.

CRUCHMAN *à part en roulant des gros yeux*

C'est écal, elle est rutement alléchante! Si che lui faisais un bedit prin le cour... Oui, mais l'audre,.. Cutule? (*Avec un geste indifférent.*) Bast!! elle se fait pien faire le cour bar son pourcheois! et beut-être bar pien t'audres engore.

GUDULE *sortant de la buanderie avec un panier de fruits*

Voilà le dessert. (*Elle dépose le panier sur la table.*)

TOURTASSEC

Gudule, vous servirez le café dans le kiosque.

GUDULE

Bien, Monsieur. (*Elle rentre dans la buanderie.*)

TOURTASSEC

Mes bons amis je vous demande pardon de vous faire faire un gueuleton aussi tocard. Vous vous rattraperez ce soir.

CRUCHMAN *à part*

Che tonnerai pien tix sous bour retirer mes pottes !

GUDULE *sortant de nouveau de la buanderie*

Et maintenant voilà le champagne ! (*Elle rentre dans la buanderie.*)

TOUS

Ah ! bravo !

JACK

Voyons, kis qui chante une petite folichonnade, quelque chose de gai ?

CRUCHMAN *se lève, tousse, crache, boit, va commencer à chanter, mais il s'arrête tout à coup et roule de gros yeux en regardant Annette, puis dit à part :*

Ah ! gristi ! qu'elle est cholie ! ! Ma foi, tant bis, il faudra que che lui fasse un téclaration. Che gommence... 1er goublet... Ah ! tites donc, fous safez que c'est moi que ch'ai fait les baroles et la micique. (*Il boit.*) Attention che gommence.

I

Un chour che fois dans une esquoire
Une nourrice au sein en boire,
Elle allaitait un noufeau-né
Rimons, rimé
Mon œil sur ton né..
En foyant sa grosse camelle
Che lui tis : « Cheune tourterelle
Rien que pour fotre cros néné
Rimons, rimé
Mon œil sur ton né,
Che ferai trouer ma baillasse
Rimons, rimace
Mon nez sur ta face. »

TOUS *scandalisés*

Qu'est-ce que c'est que ça ?

CRUCHMAN *parle et à part*

Cré nom ! que mes pottes me font mal !

II [1]

Ch'achoute en jouant te la prunelle
« Votre moutard, matemoicelle
Tête gomme un frai feau mort-né »
Rimons, rimé
Mon œil sur ton né
Eh ! pien, moi, si ch'afais sa feine
Che m'en conflerais la petaine,
Che boirais ça, pelle Phryné
Rimons, rimé
Mon œil sur ton né
Gomme un proc te fieille vinasse
Rimons, rimace
Mon nez sur ta face.

III

Pientôt foilà que che l'enlace
En tisant : « Faut que che t'emprasse
Bour ça, che suis très bassionné
Rimons, rimé
Mon œil sur ton né. »
Elle rébond : « Ch'ai ton affaire »
Et mettant à nu le terrière
Te son cheune ensaucissonné
Rimons, rimé
Mon œil sur ton né,
A me fit piser sa gulasse
Rimons, rimace
Mon nez sur ta face.

Barton, excuse s'il fous blaît. (*A part.*) Ma foi tant bis, che n'y tiens blus ! (*Il retire ses bottes, tout le monde se lève, stupéfaction générale. Deux paysans enlèvent la table.*)

TÉTINARD *à Tourtassec*

Comment ! il retire ses bottes à table !

TOURTASSEC *qui est resté assis*

Oh ! à la campagne, ça n'a pas d'importance.

MADAME TOURTASSEC

C'est une horreur !! Viens ma fille, allons prendre le café dans le kiosque. (*Elles sortent à gauche.*)

JACK *jetant à Cruchman un air dédaigneux*

Grosse sainte Ménehould. (*A Tétinard.*) Nous suivons ces dames ? (*A Tourtassec.*) Vous venez beau-père ?

[1] On peut supprimer ce deuxième couplet.

TOURTASSEC *toujours assis*

Je vous suis. (*Il remonte la scène. Cruchman l'attrape par son habit et le fait descendre.*)

CRUCHMAN

Tis tonc Tourtassec, faut bas t'en aller mon cros, c'hai guelgue chose de drès sérieux à te tire.

TOURTASSEC *boudant d'une façon comique*

Non, tu comprends, tu n'es pas raisonnable... tu retires tes bottes à table !...

CRUCHMAN

Tiens, tu es pon, toi, ch'ai mal aux bieds... et buis che t'embêche bas te redirer les diennes !... Tis tonc, ch'ai révléchi... che renonce à Cutule. C'est fotre fille que ch'aime, ch'ai l'honneur de te temanter sa main.

TOURTASSEC *bondissant et à part*

Allons, bon ! en voilà bien d'une autre à présent ! (*Haut.*) Comment ! misérable, tu oserais ?...

CRUCHMAN

Bourquoi bas ? c'est dont nadurel. (*Il éternue.*) Atchum. (*A part.*) Allons pon, foilà que che m'enrhume.

TOURTASSEC *à lui-même*

Ah ! cré mille millions de noms de noms ? de noms de noms !

CRUCHMAN

Pourcheois, che l'aime tellement que che suis gabaple te faire bour elle les blus crands sagrifices !

TOURTASSEC *marchant d'un pas agité*

Ah ! je me révolte moi, à la fin... (*à part*) donner ma fille à ce gourdiflot ! à ce gros cul d'artichaut ! Ah ! j'aimerais mieux...

CRUCHMAN

Alors, pourcheois ?...

TOURTASSEC

Je refuse, entends-tu, je refuse !

CRUCHMAN

Alors, ça m'est écal, che tirai à tout le monte que c'est toi qui l'a dué ! (*Il éternue.*) Atchum !

TOURTASSEC *au paroxysme de la colère*

Ah! misérable coquin! (*Le prenant au collet.*) Je vais t'étrangler, entends-tu?

CRUCHMAN

Barton, laissez-moi me moucher, si fous blait.

TOURTASSEC

Je vais t'étrangler comme un voleur, un bandit, un assassin!!

CRUCHMAN, *qui reste impassible et droit comme un chêne*

Ça m'est écal, t'auras teux crimes à te rebrocher, foilà dout (*Il se mouche.*)

TOURTASSEC *lâchant prise, puis partant en sanglots en tombant sur un siège*

Oh! maman, que je suis donc malheureux! (*Il sanglote encore, puis se levant brusquement, il s'essuie les yeux et dit à part.*) Au fait, il a raison, je vais lui donner sa main. C'est le plus sûr moyen d'acheter son silence?... Oui, mais ma fille?... mon gendre?.. Bast, je tâcherai de m'en sortir de mon mieux.

CRUCHMAN

Foyons, pourcheois, afez-fous révléchi?

TOURTASSEC *avec hésitation*

Ben... oui... je te donne la main de ma fille.

CRUCHMAN

Ah! quel ponheur!! Tiens, laissez-moi te donner une pise! (*Il éternue.*) Atchum!

TOURTASSEC *à part*

Oh! dans l'œil! (*Haut.*) Non, merci, le soir de la noce.

CRUCHMAN

Alors, pourcheois, tu vas nous pâcler ça dout de suite, hein?

TOURTASSEC

Parfaitement! Fais du boniment à ma fille... et si tu lui plais... pan pan, en deux coups de cuillère à pot, vous serez mariés.

CRUCHMAN

Alors, che fais aller rediter ce filain gostume-là, et guand elle m'aura fu tans mon uniforme .. (*Riant malicieusement, et en clignant de l'œil.*) Oh! yoyoye! bour sûr!...

TOURTASSEC

Soit, va t'habiller.

CRUCHMAN

Ch'y fole, pourcheois. Atchum! Eh! ben, zut, me foi'à brobre, moi, pour faire le cour à ma fiancée.

SCÈNE VIII

TOURTASSEC, puis JACK

TOURTASSEC *marchant d'un pas agité*

Devenant mon gendre, et moi son beau-père, il ne pourra plus.. Oui, parfaitement! Plus vite ils seront mariés et plus vite je serai délivré de cette menaçante et terrible épée de Damoclès!

JACK *arrivant de la gauche un cigare à la bouche*

Eh! bien, beau-père, votre café foidit... Kis que vous faisiez?

TOURTASSEC *à part*

Ah! oui, il faut l'expédier celui-là... (*Haut et avec arrogance.*) Dites donc, vous! sur quel ton le prenez-vous, hein? Est-ce que je ne suis pas libre de prendre mon café chaud ou froid, si cela me fait plaisir?

JACK *à part et complètement ahuri*

Kis qui a donc le beau-père? (*Haut.*) Kis que vous avez?

TOURTASSEC

Je vous dis de me ficher la paix! entendez-vous, grande canne à pêche?

JACK *à part, de plus en plus ahuri*

Kis qui a donc? (*Haut.*) Mais voyons, beau-père, kis que vous avez?

TOURTASSEC

Tenez, zut! allez à Dache!! Je vous retire la main de ma fille! vous n'êtes plus mon gendre.

JACK *éclatant*

Ah! ça, ce était trop fort!! Eh! bien, puisque vous faites comme ça avé moa. (*roulant des yeux menaçants.*)... je me vengerai, Monsieur. Je me vengerai.

TOURTASSEC

Ah! ça, dites donc, croyez-vous donc me faire peur? (*En le bravant.*) Je ne vous crains pas, moi, entendez-vous, sir Jack Tomy?

JACK

Oui. (*Il le prend par le poignet et lui dit sur un ton tragique.*) Eh! bien, puisque vous faites comme ça avé moa... je vais aller tout de souite à la gendarmerie dire que c'est vos l'assassineur de la vieille bon z'-homme!

TOURTASSEC

Miséricorde! Je n'y avais pas pensé!! (*Vivement.*) Vous ne ferez pas ça, Jack.

JACK

Si, je le ferai.

SCÈNE IX

LES MÊMES, puis CRUCHMAN

CRUCHMAN, *sortant de la buanderie avec son costume de gendarme et des galoches aux pieds*

Ah! pourcheois, me foilà peau gomme un soleil! (*A part.*) Che suis gondent, ch'ai troufé tes caloches!

JACK *vivement et à part*

Ah! une genderme. (*A Cruchman.*) Vous venez pour arrêter le coupable, n'est-ce pas?

CRUCHMAN *étonné*

Pour arrêter le coubaple?

JACK

Eh bien! ne cherchez pas plus longtemps, le criminel... (*Il désigne Tourtassec.*) Le voici!

CRUCHMAN *tranquillement*

Foui, che sais pien que c'est lui qui l'a tué, mais ch'ai tout bartonné.

JACK *avec étonnement*

Kis que vous dites?

CRUCHMAN

Ch'ai tout bartonné... barce que naturellement il m'a bromis la main te son fille... alors...

JACK

Comment! il vous a?... Ce était pas possible. (*A part.*) Mais je reconnais loui, ce était le domestique... (*Scandalisé.*) Oh! il a donné son fille au tête de phoque!! (*Le prenant au collet.*) Mais malheureux, c'est *mon* fiancée que j'adore, entendez-vous?

CRUCHMAN

Mais qu'est-ce que ça peut me faire, à moi. Che l'atore engore blus que fous...

JACK

Eh bien! et Gudule?

CRUCHMAN

Cutule? elle me técoûte, che m'assoois tessus.

JACK

Ah! ce étais comme çà!... Eh! bien, moa. je vais tout lui raconter.

CRUCHMAN *l'arrêtant*

Oh! yoyoye, bas de pêtises, hein? (*A part.*) Elle serait gabaple, tans le chacrin, te se tuer et te me tuer abrès.

JACK *à part*

Oh! je avais une idée! (*Haut.*) Je vous laisse, Messieurs... mais vous aurez des nouvelles de moa... (*Menaçant.*) C'est moa qui le disais à vos... (*Il rentre dans la buanderie sans être vu de Tourtassec et de Cruchman.*)

TOURTASSEC, *après avoir consulté du regard Cruchman, se tourne brusquement du côté du jardin où il croit que Jack est sorti*

De quoi, des menaces! (*Criant.*) Va donc te coucher, eh! bifteck à corbeau!!

CRUCHMAN

Fa tonc te cucher, eh! tête de corpeau!

TOURTASSEC *même jeu*

Si tu crois me ficher la trouille, tu te trompes.

CRUCHMAN

Si tu crois nous ficher la citrouille, tu te trombes.

TOURTASSEC *à part*

Allons donc! il n'est pas assez bête pour aller me dénoncer, il aura bien trop peur que je dise qu'il était mon complice!... (*Se tournant brusquement comme s'il parlait à Jack.)* Va donc, eh! roupie de sançonnet!!

CRUCHMAN *même jeu*

Fa tonc, eh! *toupie* de garçonnet!

TOURTASSEC *à Cruchman en baissant la voix*

Mon ami, je t'ai promis la main de ma fille, tu l'auras.

CRUCHMAN

Barfaitement.

SCÈNE X

LES MÊMES, puis ANNETTE

ANNETTE *arrivant du jardin*

Oh! papa, le ciel est tout noir, il va faire de l'orage.

TOURTASSEC

Non, fifille, ce n'est qu'un nuage.

ANNETTE

Mais je vois bien que cela va faire rater le bal et que nous ne pourrons pas tricoter des pincettes. *(Un temps, puis en désignant Cruchman.)* Quel est ce monsieur?

TOURTASSEC *à part*

Bravo! elle ne l'a pas reconnu... allons-y carrément. *(Haut)* Mon enfant. *(A part.)* C'est égal, je crois que ça sera bigrement dur.

CRUCHMAN *à part et avec satisfaction*

Gomme elle me relugue, dout te même.

TOURTASSEC *haut*

Mon enfant, j'ai l'honneur de te présenter ton futur mari... *(A part.)* Boum, ça y est!

ANNETTE

Hein?... *(Un temps.)* Comment! Ce vieux tocasson-là! *(Cruchman salue Annette; à part.)* Qu'est-ce que ça veut dire? *(Haut.)* Mais papa, vous n'y pensez plus... et Monsieur Jack?

TOURTASSEC

Jack?... Je l'ai congédié, je dirai même plus, je l'ai chassé!

ANNETTE *navrée*

Vous l'avez chassé?...

TOURTASSEC

Oui, je l'ai chassé honteusement.

CRUCHMAN *même jeu*

Oui, Matemoiselle, nous l'avons chassé honteusement.

TOURTASSEC

Il s'est permis de me menacer!

CRUCHMAN *rafraichissant la mémoire de Tourtassec*

De nous menacer!

TOURTASSEC *à part et à sa fille*

Plus tard, je t'expliquerai sa conduite scandaleuse. (*Mystérieusement et avec émotion.*) Et maintenant, ma fille, pour l'amour de ton père, (*il lui prend les mains*) je t'en prie, je t'en conjure, épouse cet honnête garçon... (*Il désigne Chruchman.*) Il y va de mon honneur, mon enfant, de ma vie peut-être! (*Il essuie une larme.*)

ANNETTE *la gorge serrée*

Oh! oui, je comprends maintenant, je comprends tout... oh! papa, je t'aime bien, mais ce sacrifice est si grand... renoncer à Monsieur Jack pour épouser... (*en sanglotant.*) Oh! papa, mon petit papa, j'en claquerai... (*Elle sanglote plus fort dans les bras de son père.*)

TOURTASSEC

Pauvre petite, elle m'émeut. (*A sa fille.*) Ne pleure plus, il est très gentil, très distingué, tu t'y feras très bien. Allons rentre dans ta chambre... nous en recauserons, là, nous en recauserons. (*Il la fait remonter doucement, puis redescendant, à Cruchman.*) Ça marche, ça marche très bien. Vous avez empaumé ma fille.

CRUCHMAN

C'est mon uniforme, ch'en étais sûr, papa beau-père.

JACK *sort doucement de la buanderie, va rejoindre Annette qui se trouve sur le pas de la porte de la maison*

Ne vous désoulez pas, Mademoiselle Annette, *toute* espoir ne était pas encore perdu. (*Ils disparaissent dans la maison.*)

TOURTASSEC

Et maintenant, le temps de faire publier les bans et vous serez mariés!... Es-tu content?

CRUCHMAN

Si che suis gondent? si che suis?

SCÈNE XI

LES MÊMES puis GUDULE

GUDULE *sort de la buanderie la figure bouleversée, les vêtements en désordre, elle tient à la main un gigantesque couteau de cuisine*

Ah! il me faut sa vie! je la veux, il me la faut! (*Elle prend une pause devant Cruchman.*)

CRUCHMAN et TOURTASSEC

Hein? qu'est-ce que c'est que ça?

GUDULE

Ça, c'est Gudule! que tu as séductionnée et que tu plantes là, après l'avoir déshonorée!

CRUCHMAN *interloqué*

Mais barton, faites excuse...

GUDULE *à Tourtassec*

Alors, comme ça, c'est bien vrai? Il épouse Mademoiselle Annette votre fille.

TOURTASSEC *tombant du ciel*

Comment! On vous a dit?

GUDULE *roulant des yeux féroces*

Je sais tout!! (*Mystérieusement.*) Je sais aussi qu'à c'matin, dans la plaine des Verts-Coteaux, il s'a passé un drame épouvantable!

TOURTASSEC *pousse un cri d'effroi et se cache la figure entre ses mains*

Ah! miséricorde!! elle sait tout.

GUDULE

Mais prenez garde, si vous ne changez pas d'avis, prenez garde! (*A Cruchman.*) Quant à toué, viens ici. (*Elle le tire par le bras et le fait tourner face à elle.)* Vous n'épouserez pas sa fille, entends-tu ?

CRUCHMAN *se dégageant brusquement*

Si che l'ébouserai.

GUDULE

Prenez garde.

TOURTASSEC *à part*

Seigneur, je voudrais bien être dans un cor de chasse.

CRUCHMAN *avec fermeté et conviction*

Si, che l'aime, che l'atore, et che l'ébouserai !...

GUDULE *brandissant son couteau*

Misérable !! ah ! lâche séductionneur. Tu vas mourir !! *Eclair, puis coup de tonnerre. Une lutte s'engage entre Gudule et Cruchman. Musique à l'orchestre.*

TOURTASSEC

Ah ! encore du sang ? malheureux, arrêtez !!

CRUCHMAN *se dégage et sort son sabre pour se mettre en garde*

Arrière ! Marquerite de Pourcogne ! ?

GUDULE *décidée et de plus en plus dramatique*

Un duel ? Eh ! bien soit ! *(Ils ferraillent d'une façon grotesque, jeux de scène.)*

CRUCHMAN *nullement rassuré*

Mais foyons, ma paufre tille, tu fois pien que che suis mieux monté que toi et que che fais te faire tu mal.

GUDULE *s'acharnant avec rage*

C'est ce que nous allons vouère !

CRUCHMAN *découragé*

Hé mais, c'est qu'elle n'a bas beur la poueresse. *(Ils continuent à ferrailler et disparaissent dans le jardin.)*

TOURTASSEC

Ah ! je ne veux pas voir ça... fuyons ! *(Il se dirige vers la porte de la maison. Jack apparait drapé dans un drap lui donnant l'aspect d'un fantôme. — Eclair puis coup de tonnerre. Toute cette scène doit être jouée dans une demi-obscurité. Une projection lumineuse, rouge, éclaire le fantôme.)*

JACK *cherchant à déguiser sa voix*

Arrière, assassin! assassin!

TOURTASSEC *foudroyé*

Horreur!! Un fantôme!! (*avec une fausse autorité.*) Qui... qui êtes-vous? répondez, qui... qui êtes-vous?

JACK

Je suis l'homme de la plaine des Verts-Coteaux. (*Eclair, tonnerre.*)

TOURTASSEC

Ma victime!

JACK

Oui, ta victime qui crie vengeance!!

TOURTASSEC

Oh! grâce, grâce, pipi... itié.

JACK

Il n'y a pas de grâce. Si tu es chrétien, à genoux, tu vas mourir.

TOURTASSEC

Mourir, moi?... si jeune... mais je n'ai pas prévenu chez moi. . il faut que j'aille... (*Il fait un mouvement pour sortir.*)

JACK *lui prenant le poignet*

Tu ne sortiras pas d'ici vivant! assassin! (*Il le met à genoux de force.*)

TOURTASSEC *à genoux*

Oh! maman! maman, venez à mon secours. (*Il pleure.*)

JACK *s'adressant à Cruchman qui rentre en scène en ferraillant toujours avec Gudule*

Arrête, misérable! (*Éclair, puis coup de tonnerre.*)

GUDULE *apercevant Jack*

Ah! un fantôme! (*Elle tombe sur une chaise près de la buanderie.*)

CRUCHMAN *nullement effrayé*

Oh! la *loi* Fuller!!

JACK *bas à Cruchman*

Je suis l'âme de Jack, qui s'est tué parce que tu lui avais pris sa fiancée.

CRUCHMAN

Qu'e-t-c'que fous dites?

JACK *le prenant par le poignet*

Je viens chercher sa vengeance! Si tu es chrétien, à genoux, tu vas mourir! (*Il lui serre le poignet pour le mettre à genoux de force.*)

CRUCHMAN *à part*

Oh! moi che gouhe bas là-tetans (*haut et en prenant Jack en collet.*) Au nom te la loi, che fous arrête!! (*Une lutte s'engage entre les deux hommes, puis à ce moment une formidable détonation se fait entendre. La scène se trouve subitement transformée en une immense pluie de fusées, chandelles romaines et flammes de Bengale de différentes couleurs. C'est le tonnerre qui vient de tomber sur le feu d'artifice monté dans le fond du jardin. La lutte continue entre Jack et Cruchman, ce dernier se sentant le plus faible se dégage d'un coup sec, puis comme il tient encore son sabre à la main il en porte un grand coup à plat sur le ventre de Jack, en même temps il lui flanque un gigantesque coup de pied au derrière. Jack tombe par terre en entraînant Cruchman, qui, lui, dans la bousculade arrache le drap qui enveloppe Jack. — Tourtasse affolé et qui est à genoux, fait une culbute tête en avant tombe à plat sur le dos et perd sa perruque. Tête du Monsieur qui est chauve. — Gudule qui était un peu remise de sa première émotion tombe en syncope mais cette fois dans son baquet à lessive dans lequel elle gigotte les quatre fers en l'air. JOUR A LA RAMPE. — TABLEAU.*)

CRUCHMAN *assis*

Qui qu'a fait ça?

TOURTASSE *même jeu*

Ce n'est pas moi.

JACK *tranquillement*

Ce était le tonnerre qui était tombé sur le feu d'artifice.

TOURTASSE

Oh! Jack! c'était Jack!!

JACK

Yès. Ce était moa.

TOURTASSE *se levant*

Alors, c'était une farce!

JACK *se levant aussi*

Yès, pour me venger.

TOURTASSEC

Eh! bien, c'était une sale blague!

CRUCHMAN *apercevant Gudule qui gigotte dans le baquet*

Oh! Gudule! *(Il pouffe de rire)* qui prend un bain de sièche!! *(Il la fait asseoir sur une chaise et lui tape dans les mains pour la faire revenir à elle.)*

SCÈNE XII

LES MÊMES, POMPINET, 4 MUSICIENS puis ANNETTE, MADAME TOURTASSEC, TÉTINARD, PAYSANS et PAYSANNES

POMPINET *entre du fond, porteur d'un trombonne, il est suivi de 4 musiciens qui se tiennent au fond. — (Allant à Tourtassec)*

Ah! le voici! *(A part.)* Tiens! ils ont l'air tout chose!

POMPINET

Monsieur le Maire, je suis le chef de musique, je viens avec mon orchestre pour le bal.

TOURTASSEC *avec humeur*

Voyez dans le petit kiosque. *(Il désigne la gauche. Pompinet fait signe aux musiciens qui disparaissent à gauche.)*

POMPINET

Par la même occasion, je viens porter une plainte. Ce matin, en me promenant dans la plaine des Verts-Coteaux, j'ai reçu... d'un chasseur probablement...

JACK *levant la tête*

Kis qui disait?

POMPINET

Un coup de fusil dans le bas de... mon individu, et comme ça me gêne beaucoup pour m'asseoir, je...

TOURTASSEC *rayonnant de joie*

Comment! C'était vous? Ah! ça, mais vous n'êtes donc pas crammé? *(Ahurissement de Pompinet.)* Vous n'êtes donc pas mort?

POMPINET

Mais vous le voyez bien.

TOURTASSEC *rayonnant de joie*

Ah! quelle joie! quel bonheur! (*A Pompinet.*) Et tu te portes partie civile?

POMPINET *qui ne comprend pas*

Mon Dieu, je ne me porte pas plus mal... et vous?

TOURTASSEC

Non... Combien exiges-tu d'indemnité?

POMPINET

Ah! dame, ça sera chaud... cinquante francs.

TOURTASSEC *éclatant de joie en lui donnant un billet de 500 francs*

Cinquante? Je te donne 500 balles! Entends-tu, mon ami, mon bon ami. Tiens, laisse-moi te lécher la poire. (*Il l'embrasse.*)

POMPINET *à part gagnant la gauche*

Je n'y comprends rien du tout. (*Il disparaît à gauche.*)

TOURTASSEC

Ah! quelle joie! quel bonheur! (*Prenant l'air narquois en allant à Cruchman.*) Ah! ça mais qui croyez-vous donc que j'ai tué vous? (*Il le toise en se croisant les bras.*)

CRUCHMAN

Mon ami le berroquet, barbleu!

TOURTASSEC *à part partant d'un éclat de rire*

Ah! l'animal!... Oui, j'y suis! (*A Cruchman.*) Je te donne 100 francs pour que tu épouses Gudule. Si non, tu vas te débiner et tout de suite encore.

CRUCHMAN

Ch'accepte, pourcheois (*à part.*) Réflexion vaite, ch'aime mieux Gutule. (*A Gudule.*) Tonne-moi une pise. (*Ils s'embrassent.*)

TOURTASSEC

Vous, Jack, je vous rends ma fille.

ANNETTE *qui est entrée sur ces derniers mots*

Est-il possible! (*Ils s'embrassent.*)

JACK

Hourrah! hourrah!

MADAME TOURTASSE *sortant du jardin suivie de Têtinard. Ils ont tous les deux la figure noire*

Mon mari? Où est mon mari? Ah! le voici. (*A Tourtasse.*) Le tonnerre vient de tomber sur le feu d'artifice.

TOUS *en apercevant leur figure*

Ah! des ramoneurs!

TÊTINARD

Mais non! c'est une salve que nous avons reçue sur la figure!! (*Tout le monde rit.*)

TOURTASSE

Bast! qu'à cela ne tienne! (*Changeant de ton.*) Madame Tourtasse, embrasse ton mari qui n'a tué personne, si... un perroquet!

MADAME TOURTASSE et ANNETTE

Ah! quel bonheur! (*Elles embrassent Tourtasse, qui, lui aussi, devient noir.*)

TOURTASSE

Messieurs les musiciens viennent d'arriver. En place pour le quadrille!

TOUS

En place pour le quadrille! (*Depuis un instant les paysans et les paysannes sont venus se grouper derrière la grille de la propriété qu'ils ont franchie insensiblement. L'orchestre, placé dans le fond du jardin et qui se trouve dissimulé aux yeux des spectateurs, attaque une figure de quadrille. Tout le monde danse. Tourtasse tout joyeux exécute un cavalier seul. A la fin du quadrille on le porte en triomphe aux cris plusieurs fois répétés de Vive Monsieur le Maire!!*)

RIDEAU

Angers, imprimerie Lachèse et Cie, 4, Chaussée Saint-Pierre.

www.ingramcontent.com/pod-product-compliance
Lightning Source LLC
LaVergne TN
LVHW020246230826
846091LV00006B/2270